最高人民检察院·教育部
"法治进校园"全国巡讲活动法治宣传系列图书

FAHUA XIYOU

法话西游
（二）

最高人民检察院策划
江苏省淮安市人民检察院◎编

中国检察出版社

图书在版编目（CIP）数据

法话西游 . 二 / 江苏省淮安市人民检察院编 . -- 北京：
中国检察出版社 , 2018.8

ISBN 978-7-5102-2144-6

Ⅰ . ①法… Ⅱ . ①江… Ⅲ . ①法律－通俗读物 Ⅳ . ① D9-49

中国版本图书馆 CIP 数据核字 (2018) 第 153139 号

法话西游（二）

江苏省淮安市人民检察院 / 编

出版发行：中国检察出版社

社　　址：北京市石景山区香山南路 109 号 (100144)

网　　址：中国检察出版社 (www.zgjccbs.com)

编辑电话：(010) 86423704

发行电话：(010)86423726　86423727　86423728

经　　销：新华书店

印　　刷：北京联合互通彩色印刷有限公司

开　　本：889 mm×1194 mm　32 开

印　　张：1.625

字　　数：40 千字

版　　次：2018 年 8 月第一版　2020 年 6 月第六次印刷

书　　号：ISBN 978-7-5102-2144-6

定　　价：18 .00 元

前　言

　　未成年人朋友，你们的生活充满温暖的阳光，你们的成长伴随欢快的笑声，你们的脸庞展露天真的模样。父母关心着你们，师长关怀着你们，社会关注着你们，因为你们是我们大家的宝贝。

　　但是，生活并不总是一直阳光灿烂、和风细雨，违法犯罪就像天空中偶尔飘过的阴霾，给一些未成年人本应亮丽的人生投下几分暗影。有的未成年人因冲动去伤害他人，因好奇而窃取财物，因义气而结伙打架，在懵懂间违法犯罪，受到法律的严厉制裁。有的未成年人则成为违法犯罪行为的受害者，稚嫩的身心受到深深的伤害。无论是违法犯罪还是受到不法侵害，这些未成年人都是不幸的，让人为之惋惜和心疼。

　　为了减少这些不幸的发生，需要大家了解一定的法律知识！法律在我们每个人身边，既是规范我们行为的标准，也是保护我们权利的武器。在开始成熟的花季里，你们要学法、守法，拒绝实施或参与各种违法犯罪活动；你们要知法、用法，增强保护自己的能力。

　　我们是检察官，是未成年人的朋友，保护大家是我们的职责。今天，我们把与未成年人有关的法律知识、自护技巧汇编成这样一本本小书，把法律送进校园，送到你的身边，希望对你有所帮助，伴随你长大成人！

最高人民检察院未成年人检察工作办公室

目 录

第五回

悟空大闹蟠桃会

玉帝！如今大圣日日无事闲游，在府内吃喝玩乐，如不给他找个事做，怕日后会无事生非。

甚是有理！

大圣寄语

孙悟空当时年少不懂事，整日无所事事，惹是生非，让长辈烦神，小朋友一定不要学孙悟空，要在年少时多学习知识，做个知书达理的乖孩子。

难下，召俺老孙来，可是要升老孙的职？

朕见你没事可做，就命你看管蟠桃园，你要好生看管！

那必须的！

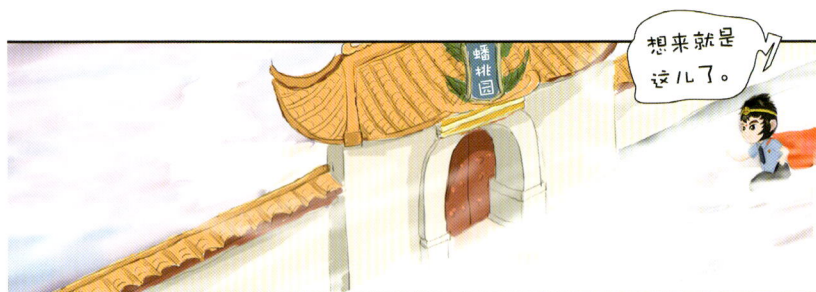

味道真不错！

💡 大圣说法小课堂

大圣作为玉帝任命的管理蟠桃园的官员，其身份相当于现在的国家工作人员。根据《刑法》第382条的规定，国家工作人员利用职务上的便利，侵吞、窃取、骗取或以其他手段非法占有公共财物的，其行为构成贪污罪。至于具体怎么量刑，还要根据大圣所吃的蟠桃的价值来确定。

大圣寄语

说到底，孙悟空心有贪念，缺少守法意识，才酿成大祸，小朋友们如果在班级里担任班长、团委等职务，在保管班级的班费或者团费等集体财物时，一定不能占为私有或擅自使用哦！等你们长大后，如果能成为一名国家公职人员，也要记住严于律己，做一名公正廉洁的公务人员。

大圣说法小课堂

根据《刑法》第 263 条的规定，以暴力、胁迫或者其他方法抢劫公私财物的，处 3 年以上 10 年以下有期徒刑，并处罚金。

孙悟空用法术让仆人呼呼大睡，然后把美酒喝掉，把美食吃掉，这属于用其他手段让财物的所有人、保管人不能反抗后强行将公私财物抢走的行为，构成了抢劫罪。

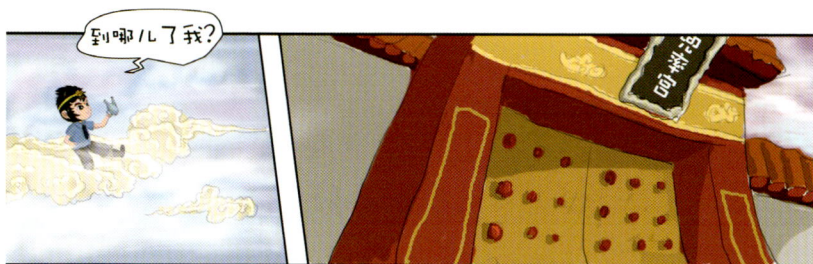

大圣说法小课堂

根据《刑法》第 264 条的规定，盗窃公私财物，数额较大的，或者多次盗窃、入户盗窃、携带凶器盗窃、扒窃的，处 3 年以下有期徒刑、拘役或者管制，并处或者单处罚金。对于多次盗窃、入户盗窃、携带凶器盗窃、扒窃的行为，不论盗窃金额大小，一律追究刑事责任。

大圣在太上老君不在的时候进入他的兜率宫窃取丹药，而兜率宫作为太上老君个人的起居生活场所，符合入户盗窃的表现形式。因此，根据上述法律规定，不管丹药价值多少，大圣的行为都构成盗窃罪。

大圣寄语

孙悟空是石头缝里蹦出来的，自幼没有父母教育，自己也没有好好学法，导致不知道什么该做，什么不该做，最终稀里糊涂地酿成一系列大祸。天网恢恢，疏而不漏，孙悟空法力再怎么高强，只要犯了法，终归是逃不过法律的制裁。小朋友们可不能学孙悟空这样为所欲为，要做一个遵纪守法的好孩子。同时，父母也要教导自己的孩子明辨是非，严于律己，做一个对社会有用的人。

第六回

有恃无恐青牛精

西方路上有些妖怪有点化住宅的本事，以此骗人，害人甚重。

悟空，为师见前方似有楼台房舍，你前去化些斋饭可好？

又冷又饿，真是折腾死我老猪了。

师父莫急，我且去看看！

沙师弟，你看好师父，我去帮帮大师兄！

17

大圣寄语

同学们，事情的表面现象可能不是真实的，我们不要轻信它。在现实生活中，不能被一些表面现象所迷惑，否则有可能掉入坏人设置的陷阱，甚至有可能被坏人绑架或者拐走，再也见不到亲人。也不能贪图小便宜，被小恩小利蒙蔽。记住，天上不会掉馅饼。

哈哈……我常听人言，吃唐僧一块肉，发白可还黑，牙掉可再生。等把你大徒弟捉住一块蒸了吃！

不好！

大圣说法小课堂

八戒捡到 3 件棉背心，唐僧认为这是盗窃行为，根据相关法律规定，如果 3 件棉背心真的是别人丢失的，八戒捡到可能是拾得遗失物的行为，假如失主回来找寻，八戒拒不归还，而棉背心价值又较高，则八戒有可能构成侵占罪。

青牛精将唐僧、八戒、沙僧师徒 3 人捉入洞中，想将他们蒸了吃，可能构成《刑法》第 232 条规定的故意杀人罪。

大圣寄语

　　同学们在平时学习、生活中不能养成像猪八戒一样顺手牵羊的坏习惯，有句俗语说得好，"勿以善小而不为，勿以恶小而为之"，小时候养成了这些不良嗜好，长大了就很有可能触犯法律，走上犯罪道路。

妖精！快交出我师父，俺老孙还可以饶你不死。

21

大圣说法小课堂

如果青牛精及其麾下山妖树怪们在学校或者上下学路上欺负唐僧师徒，就是典型的校园欺凌现象。校园欺凌是指同学间欺负弱小、以多欺少、言语羞辱以及敲诈勒索甚至殴打的行为等。如果情节比较严重，有可能构成违法犯罪。例如，可能构成寻衅滋事罪、抢劫罪、故意伤害罪等。对于情节轻微，不构成犯罪的校园欺凌行为，可以依据《治安管理处罚法》作出相应的行政处罚。

大圣寄语

我们要养成谦虚谨慎的良好品德，不能狂妄自大、自以为是。青牛精以为自己是太上老君的坐骑，有恃无恐，就随意欺侮唐僧师徒。在学校里，我们不能成为这种欺凌他人的不良少年。如果自己或者同学遭遇校园欺凌，不要自作主张地纠集一帮人去对抗或者报复，而是应当及时寻求帮助，及时向老师、家长报告，遇到紧急情况可以直接拨打110电话报警。

第七回

偷人参果惹大祸

为师要外出，你们可要看好那人参果树。

还有，近日唐三藏西天取经途经我观，你们可打下两枚人参果赠予他食用。

好的，您就放心吧，师父！

大圣说法小课堂

孙悟空三兄弟在主人不知情的情况下，偷取人参果，并偷偷吃掉，属于盗窃行为。

根据《刑法》第 264 条的规定，盗窃公私财物，数额较大的，或者多次盗窃、入户盗窃、携带凶器盗窃、扒窃的，处 3 年以下有期徒刑、拘役或者管制，并处或者单处罚金；数额巨大或者有其他严重情节的，处 3 年以上 10 年以下有期徒刑，并处罚金；数额特别巨大或者有其他特别严重情节的，处 10 年以上有期徒刑或者无期徒刑，并处罚金或者没收财产。

跟师父没关系，是我去摘了3个，1人1个吃啦。

有话好说！别冤枉人啊！

唐僧！你看着像个长老，没想到竟偷吃我们的人参果！

什么3个，明明偷了4个！

啊……气死俺老孙了！

呀~啊

大圣说法小课堂

孙悟空因为受到童子的责骂，出于报复的心理，故意将人参果树毁掉，属于故意毁坏财物的行为。

根据《刑法》第 275 条的规定，故意毁坏公私财物，数额较大或者有其他严重情节的，处 3 年以下有期徒刑、拘役或者罚金；数额巨大或者有其他特别严重情节的，处 3 年以上 7 年以下有期徒刑。

想让我饶了你们也可以，除非你把我的树给救活了。

那就这么说定了！你照顾好我师父，我去找人救你的树。

你这泼猴，又惹是非。刚好我这玉净瓶里的水可以救活那人参果树，那就随你去一趟吧。

菩萨，帮帮忙！那五庄观观主扣了俺老孙师父，除非救活那人参果树……

大圣寄语

偷拿别人东西是不对的，故意毁坏别人的东西也不对，情节严重的会构成犯罪哦。大圣也有犯错的时候，不过他最后想办法弥补了自己的过错。同学们如果不小心犯了错，也要及时改正。

镇元大仙的果树被毁，本来是受害人，但他采取错误的方式去报复孙悟空，从受害人变成了加害人，这样的做法也是不可取的。同学们如果受到不法侵害，要及时报警或向学校、家长求助，千万不能采取违法的方法擅自行动。

第八回

寻回国宝夜明珠

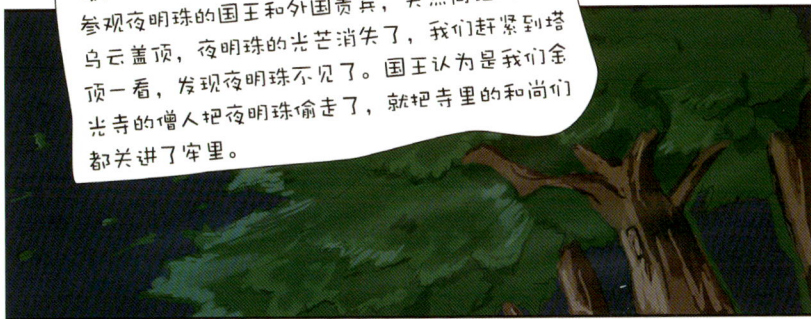

金光寺本来是御赐的寺庙，寺庙里的夜明珠每到夜间光芒四射。一天晚上，我们寺里正在接待来参观夜明珠的国王和外国贵宾，突然间狂风大作，乌云盖顶，夜明珠的光芒消失了，我们赶紧到塔顶一看，发现夜明珠不见了。国王认为是我们金光寺的僧人把夜明珠偷走了，就把寺里的和尚们都关进了牢里。

岂有此理！

大圣寄语

同学们要加强自我保护意识，保管好自己的钥匙或贵重物品，不要乱丢乱放，不给小偷可乘之机。

不可不可……还是容为师慢慢扫吧！

💡 大圣寄语

　　生活中的磨砺在任何地方都存在，我们要想成为更好的自己，就应当具有锲而不舍的精神，像唐僧一样，只要是自己定下的目标就要认真去完成，不管完成目标的过程多么艰辛。只要我们不怕苦、不怕累，勇往直前，不达目的誓不罢休，就能创造美好的人生。

八戒，快点儿！我们去找那九头虫算账！

妖怪！快给俺老孙交出夜明珠！

想要夜明珠？那要看你有没有那本事！

怕你不成！动手吧！

大圣饶命啊，这便是你要的夜明珠。

大圣说法小课堂

盗窃罪是指以非法占有为目的，盗窃他人财物。九头虫看中夜明珠巨大的价值，为了非法占有夜明珠，它施展法术，将夜明珠偷走，已经构成盗窃罪。有道是莫伸手，伸手必被抓。九头虫的法术虽然厉害，还是逃不过火眼金睛的孙悟空。生活中可能有同学的玩具比我们的贵、学习用品比我们的好，面对这些诱惑时，我们一定要坚守本心、拒绝诱惑，绝不能像九头虫一样去盗窃，否则一失足成千古恨。